NATIONAL GEOGRAPHIC

On the Rocks

Marvin Buckley

A **seal** is on the rocks.

A **lizard** is on the rocks.

A **crab** is on the rocks.

An **otter** is on the rocks.

A **frog** is on the rocks.

A **leopard** is on the rocks.

An **eagle** is on the rocks.